Les Contrerimes : poèmes

Paul-Jean Toulet

Édition Émile-Paul frères, Paris, 1929

I

Avril, dont l'odeur nous augure
        Le renaissant plaisir,
Tu découvres de mon désir
        La secrète figure.

Ah, verse le myrte à Myrtil,
        L'iris à Desdémone :
Pour moi d'une rose anémone
        S'ouvre le noir pistil.

II

Toi qu'empourprait l'âtre d'hiver
        Comme une rouge nue
Où déjà te dessinait nue
        L'arome de ta chair ;

Ni vous, dont l'image ancienne
        Captive encor mon cœur,
Ile voilée, ombres en fleurs,

Nuit océanienne ;

Non plus ton parfum, violier
　　Sous la main qui t'arrose,
Ne valent la brûlante rose
　　Que midi fait plier.

III

Iris, à son brillant mouchoir,
　　De sept feux illumine
La molle averse qui chemine,
　　Harmonieuse à choir.

Ah, sur les roses de l'été,
　　Sois la mouvante robe,
Molle averse, qui me dérobe
　　Leur aride beauté.

Et vous, dont le rire joyeux
　　M'a caché tant d'alarmes,
Puissé−je voir enfin des larmes
　　Monter jusqu'à vos yeux.

IV

Ces roses pour moi destinées
    Par le choix de sa main,
Aux premiers feux du lendemain,
    Elles étaient fanées.

Avec les heures, un à un,
    Dans la vasque de cuivre,
Leur calice tinte et délivre
    Une âme à leur parfum

Liée, entre tant, ô Ménesse,
    Qu'à travers vos ébats,
J'écoute résonner tout bas
    Le glas de ma jeunesse.

V

Dans le lit vaste et dévasté
    J'ouvre les yeux près d'elle ;
Je l'effleure : un songe infidèle
    L'embrasse à mon côté.

Une lueur tranchante et mince
    Échancre mon plafond.
Très loin, sur le pavé profond,
    J'entends un seau qui grince…

VI

Il pleuvait. Les tristes étoiles
    Semblaient pleurer d'ennui.
Comme une épée, à la minuit,
    Tu sautas hors des toiles.

— Minuit ! Trouverai−je une auto,
    Par ce temps ? Et *le pire*,

C'est mon mari. Que va‑t‑il dire,
    Lui qui rentre si tôt ?

— Et s'il vous voyait sans chemise,
    Vous, toute sa moitié ?
— Ne jouez donc pas la pitié.
    — Pourquoi ? … Doublons la mise.

VII

Le microbe : Botulinus
    Fut, dans ses exercices,
Découvert au sein des saucisses
    Par un Alboche en us.

Je voudrais, non moins découverte
    Floryse, que ce fut
Vous que je trouve, au bois touffu
    Dormante à l'ombre verte ;

Si même l'archer de Vénus
    Des traits en vous dérobe

Plus dangereux que le microbe
     Nommé : Botulinus.

VIII

Dans le silencieux automne
     D'un jour mol et soyeux,
Je t'écoute en fermant les yeux,
     Voisine monotone.

Ces gammes de tes doigts hardis,
     C'était déjà des gammes
Quand n'étaient pas encor des dames
     Mes cousines, jadis ;

Et qu'aux toits noirs de la Rafette,
     Où grince un fer changeant,
Les abeilles d'or et d'argent
     Mettaient l'aurore en fête.

IX

Nocturne.

O mer, toi que je sens frémir
    A travers la nuit creuse,
Comme le sein d'une amoureuse
    Qui ne peut pas dormir ;

Le vent lourd frappe la falaise…
    Quoi ! Si le chant moqueur
D'une sirène est dans mon cœur —
    O cœur, divin malaise.

Quoi, plus de larmes, ni d'avoir
    Personne qui vous plaigne…
Tout bas, comme d'un flanc qui saigne,
    Il s'est mis à pleuvoir.

X

Fô a dit…

« Ce tapis que nous tissons comme
　　« Le ver dans son linceul
« Dont on ne voit que l'envers seul :
　　« C'est le destin de l'homme.

« Mais peut−être qu'à d'autres yeux,
　　« L'autre côté déploie
« Le rêve, et les fleurs, et la joie
　　« D'un dessin merveilleux. »

Tel Fô, que l'or noir des tisanes
　　Enivre, ou bien ses vers,
Chante, et s'en va tout de travers
　　Entre deux courtisanes.

XI

C'était longtemps avant la guerre.

Sur la banquette en moleskine
　　Du sombre corridor,

Aux flonflons d'Offenbach s'endort
    Une blanche Arlequine.

… Zo' qui saute entre deux MMrs,
    Nul falzar ne dérobe
Le double trésor sous sa robe
    Qu'ont mûri d'autres cieux.

On soupe… on sort… Bauby pérore…
    Dans ton regard couvert,
Faustine, rit un matin vert…
    … Amour, divine aurore.

XII

Le Garno.

L'hiver bat la vitre et le toit.
    Il fait bon dans la chambre,
A part cette sale odeur d'ambre
    Et de plaisir. Mais toi,

Les roses naissent sur ta face
    Quand tu ris près du feu…

ce soir tu me diras adieu,
       Ombre, que l'ombre efface.

XIII

Princes de la Chine.

a. Les trois princes Pou, Lou et You,
       Ornement de la Chine,
Voyagent. Deux vont à machine,
       Mais You, c'est en youyou.

Il va voir l'Alboche au crin jaune
       Qui lui dit : " I love you. »
— Elle est française ! Assure You.
       Mais non, royal béjaune.

Si tu savais ce que c'est, You,
       Qu'une Française, et tendre ;
Douce à la main, douce à l'entendre :
       Du feu… comme un caillou.

b. Mgr Pou n'aime ici−bas
    Que le sçavoir antique,
Ses aïeux, et la politique
    Du *Journal des Débats.*

Elle qui naquit sous le feutre
    Des chevaliers mandchoux,
Sa femme a le cœur dans les choux :
    Dieu punisse le neutre !

Mgr Pou, mauvais époux,
    Tu cogites sans cesse.
Pas tant de g. pour la princesse :
    Fais−lui des petits Pous.

c. Sous les pampres de pourpre et d'or,
    Dans l'ombre parfumée,
Ivre de songe et de fumée,
    Le prince Lou s'endort.

Tandis que l'opium efface
    Badoure à son côté,
Il rêve à la jeune beauté
    Qui brilla sur sa face.

Ainsi se meurt, d'un beau semblant,
    Lou, l'ivoire à la bouche.

Badoure en crispant sa babouche
    Pense à son deuil en blanc.

XIV

Le coucou chante au bois qui dort.
    L'aurore est rouge encore,
Et le vieux paon qu'Iris décore
    Jette au loin son cri d'or.

Les colombes de ma cousine
    Pleurent comme une enfant.
Le dindon roue en s'esclaffant :
    Il court à la cuisine.

XV

En souvenir des grandes Indes,
Harmonieux décor,
La Rafette nourrit d'accord
Un paon et quatre dindes.

Et l'on croirait – tous ces échos
Gloussants, l'autre qui grince —
D'un préfet d'or, dans sa province,
Borné de radicaux.

XVI

Trottoir de l'Élysé'–Palace
Dans la nuit en velours
Où nos cœurs nous semblaient si lourds
Et notre chair si lasse ;

14

Dôme d'étoiles, noble toit,
       Sur nos âmes brisées,
Taxautos des Champs−Élysées,
       Soyez témoins ; et toi,

Sous−sol dont les vapeurs vineuses
       Encensaient nos adieux —
Tandis que lui perlaient aux yeux
       Ses larmes vénéneuses.

XVII

D'un noir éclair mêlés, il semble
       Que l'on n'est plus qu'un seul.
Soudain, dans le même linceul,
       On se voit deux ensemble.

Près des flots aux chantants adieux
       Dinard tient sa boutique…

Ne pleure pas : d'être identique,
C'est un rêve des dieux.

XVIII

Géronte d'une autre Isabelle,
A quoi t'occupes–tu
D'user un reste de vertu
Contre cette rebelle ?

La perfide se rit de toi,
Plus elle t'encourage.
Sa lèvre même est un outrage.
Viens, gagnons notre toit.

Temps est de fuir l'amour, Géronte,
Et son arc irrité.
L'amour, au déclin de l'été,
Ni la mer, ne s'affronte.

XIX

Rêves d'enfant.

Circé des bois et d'un rivage
    Qu'il me semblait revoir,
Dont je me rappelle d'avoir
    Bu l'ombre et le breuvage ;

Les tambours du Morne Maudit
    Battant sous les étoiles
Et la flamme où pendaient nos toiles
    D'un éternel midi ;

Rêves d'enfant, voix de la neige,
    Et vous, murs où la nuit
Tournait avec mon jeune ennui…
    Collège, noir manège.

XX

Amarissimes.

Est-ce moi qui pleurais ainsi
    — Ou des veaux qu'on empoigne —
D'écouter ton pas qui s'éloigne,
    Beauté, mon cher souci ?

Et (je t'en fis, à pneumatique,
    Part, — sans aucun bagou)
Ces pleurs, ma chère, avaient le goût
    De l'onde adriatique.

Oui, oui : mais vous parlez de cri,
    Quand je repris ma lettre
Grands dieux… ! J'aurais mieux fait, peut−être
    D'écrire à son mari.

XXI

La première fois.

— « Maman ! … je voudrais qu'on en meure. »
    Fit‑elle à pleine voix.
— « C'est que c'est la première fois,
    Madame, et la meilleure.

Mais elle, d'un coude ingénu
    Remontant sa bretelle,
— « Non, ce fut en rêve », dit‑elle.
    « Ah ! Que vous étiez nu… »

XXII

Boulogne.

Boulogne, où nous nous querellâmes
    Aux pleurs d'un soir trop chaud
Dans la boue ; et toi, le pied haut,
    Foulant aussi nos âmes.

La nuit fut ; ni, rentrés chez moi,
    Tes fureurs plus de mise.
Ah ! De te voir nue en chemise,
    Quel devint mon émoi !

On était seuls (du moins j'espère) ;
    Mais tu parlais tout bas.
Ainsi l'amour naît des combats :
    Le dieu Mars est son père.

XXIII

Carthame chatoyant, cinabre,
    Colcothar, orpiment,
Vous dont j'ai goûté l'ornement
    Sur la rive cantabre ;

Orpiment, dont l'éclat soyeux
    Le soleil lui reflète ;
Colcothar, tendre violette
    Éclose dans ses yeux ;

Fleur de cinabre, étroite et rare,
    Secret d'un beau jardin ;
Carthame et toi, rose soudain,
    Dont sa pudeur se pare…

XXIV

Éléphant de Paris.

Ah, Curnonsky, non plus que l'aube,
    N'était bien rigolo.
Il regardait le fil de l'eau.
    C'était avant les Taube.

Et moi j'apercevais — pourtant

Qu'on fût loin de Cythère —
Un objet singulier. Mystère :
C'était un éléphant.

Notre maison étant tout proche,
On le prit avec nous.
Il mettait, pour chercher des sous
Sa trompe dans ma poche.

Hélas, rue−de−Villersexel,
La porte était trop basse.
On a beau dire que tout passe.
Non — ni le riche au ciel.

XXV

O poète, à quoi bon chercher
Des mots pour son délire ?
Il n'y a qu'au bois de ta lyre
Que tu l'as su toucher.

Plus haut que toi, dans sa morphine,
     Chante un noir séraphin.
Ma nourrice disait qu'Enfin
     Est le mari d'Enfine.

XXVI

Comme les dieux gavant leur panse,
     Les prétendants aussi.
Télémaque en est tout ranci :
     Il pense à la dépense.

Neptune soupe à Djibouti
     (Près de la mer salée).
Pénélope s'est en allée.
     Tout le monde est parti.

Un poète, que nuls n'écoutent,
     Chante Hélène et les Œufs.
Le chien du logis se fait vieux :
     Ces gens−là le dégoûtent.

XXVII

Cet huissier, qui jetait, l'été,
    Toute autre odeur que l'ambre,
Avait le nom d'un pot de chambre
    Et la fétidité.

L'autre, et noir, que sous les lanternes,
    On vit à ses leçons
Avarier les beaux garçons,
    Est charognard aux ternes.

Celui-là, qui fut président
    De ses jolis compères,
A l'air de suer ses affaires
    Par son fanon pendant.

Mais l'autre (o père de famille,
    Poète méconnu)

Ne me laissa qu'un lit tout nu :
    Telle y couchait sa fille.

XXVIII

Le sonneur se suspend, s'élance,
    Perd pied contre le mur
Et monte : on dirait un fruit mûr
    Que la branche balance.

Une fille passe. Elle rit
    De tout son frais visage :
L'hiver de ce noir paysage
    A−t−il soudain fleuri ?

Je vois briller encor sa face,
    Quand elle prend le coin.
L'angélus et sa jupe, au loin,
    L'un et l'autre, s'efface.

XXIX

Tel variait au jour changeant
   — Avec l'or de tes boucles,
Le sang d'un collier d'escarboucles
   Dans ma tasse d'argent

Qui, tout de roses couronnée,
   — Sur la ligne où se joint
L'ombre au soleil — jetait au loin
   Une pourpre alternée ;

Lilith, et, telle, un jour d'été,
   J'ai vu noircir ta joue,
Quand le désir trouble, et déjoue,
   Ta pliante fierté.

(Talmud babylon.)

XXX

Quand nous fûmes hors des chemins
    Où la poussière est rose,
Aline, qui riait sans cause
    En me touchant les mains ; —

L'Écho du bois riait. La terre
    Sonna creux au talon.
Aline se tut : le vallon
    Était plein de mystère…

Mais toi, sans lymphe ni sommeil,
    Cigale en haut posée,
Tu jetais, ivre de rosée,
    Ton cri triste et vermeil.

XXXI

Tandis qu'à l'argile au flanc vert,
    Dessus ton front haussée,
Perlait le pleur d'une eau glacée,
    Les dailleurs, à couvert :

« Enfant, riait leur voix lointaine,
    Voilà temps que tu bois.
Si Monsieur Paul est dans le bois,
    Avise à la fontaine.

« Mais avise aussi de briser
    Ta cruche en tournant vite.
Ah, que dirait ta mère. évite
    Son bras. Prends le baiser. »

… Le temps était couleur de pêche.
    Sur le Saleys qui dort
Un oiseau d'émeraude et d'or
    Fila comme une flèche.

XXXII

Chevaux de bois.

A Pau, les foires Saint−Martin,
    C'est à la Haute Plante.
Des poulains, crinière volante,
    Virent dans le crottin.

Là−bas, c'est une autre entreprise.
    Les chevaux sont en bois,
L'orgue enrhumé comme un hautbois,
    Zo'sur un bai cerise.

Le soir tombe. Elle dit : " Merci,
    « Pour la bonne journée !
« Mais j'ai la tête bien tournée… »
    — Ah, Zo' : la jambe aussi.

XXXIII

D'une amitié passionnée
  Vous me parlez encor,
Azur, aérien décor,
  Montagne Pyrénée,

Où me trompa si tendrement
  Cette ardente ingénue
Qui mentait, fût−ce toute nue,
  Sans rougir seulement.

Au lieu que toi, sublime enceinte,
  Tu es couleur du temps :
Neige en Mars ; roses du printemps.
  Août, sombre hyacinthe.

XXXIV

Ce fut par un soir de l'automne
  A sa dernière fleur

Que l'on nous prit pour Mgr
    L'Évêque de Bayonne,

Sur la route de Jurançon.
    J'étais en poste, avecque
Faustine, et l'émoi d'être évêque
    Lui sécha sa chanson.

Cependant cloches, patenôtres,
    Volaient autour de nous.
Tout un peuple était à genoux :
    Nous mêlions les nôtres,

O Vénus, et ton char doré,
    Glissant parmi la nue,
Nous annonçait la bienvenue
    Chez Monsieur Lesquerré.

XXXV

Un Jurançon 93
    Aux couleurs du maïs,
Et ma mie, et l'air du pays :
    Que mon cœur était aise.

Ah, les vignes de Jurançon,
    Se sont—elles fanées,
Comme ont fait mes belles années,
    Et mon bel échanson ?

Dessous les tonnelles fleuries
    Ne reviendrez—vous point
A l'heure où Pau blanchit au loin
    Par delà les prairies ?

XXXVI

Comme à ce roi laconien
    Près de sa dernière heure,
D'une source à l'ombre, et qui pleure,
    Fauste, il me souvient ;

De la nymphe limpide et noire
    Qui frémissait tout bas
— Avec mon cœur — quand tu courbas
    Tes hanches, pour y boire.

XXXVII

De tout ce gala de province
    Où l'on donnait *Manon,*
Je ne revois plus rien sinon
    Ta forme étrange, et mince ;

Et lorsqu'à ce duo troublant
    Tes yeux me firent signe,
Frissonner le frimas d'un cygne
    Sur ton bel habit blanc ;

Sinon ton frère sur le siège
    Du fiacre vingt−et−huit

Où tu avais l'air, dans la nuit
　　D'une image de neige.

XXXVIII

Quel pas sur le pavé boueux
　　Sonne à travers la brume ?
Deux boutiquiers, crachant le rhume,
　　S'en retournent chez eux.

— " C'est ce cocu de Lagnabère.
　　— Oui, Faustine.
　　　　　— Ah, mon Dieu,
En çà de Cogomble, quel feu !
　　— Oui, c'est le réverbère.

— Comme c'est gai, le mauvais temps…
　　Et recevoir des gifles.
— Oui, Faustine. »
　　　　　A présent, tu siffles
　　L'air d'*Amour et Printemps*.

Querelles, pleurs tendres à boire —
        Et toi qu'en tes détours
J'écoute, ô vent, contre les tours
        Meurtrir ta plume noire.

XXXIX

« — Embrassez-moi, petite fille.
        Là, bien. Quoi de nouveau ?
As-tu retrouvé le cerveau
        Qui manque à ta famille ?

Dis-moi, c'est vrai que le curé
        Est mal avec la poste ?
Et comment va Chose… Lacoste,
        L'ami de Poyarré ? »

Je devinais, dans la pénombre,
        Que tu tirais tes bas.
Ton cœur d'oiseau battait tout bas :
        La chambre était très sombre…

XL

L'immortelle, et l'œillet de mer
    Qui pousse dans le sable,
La pervenche trop périssable,
    Ou ce fenouil amer

Qui craquait sous la dent des chèvres,
    Ne vous en souvient−il,
Ni de la brise au sel subtil
    Qui nous brûlait aux lèvres ?

XLI

— Bayonne ! Un pas sous les arceaux,
    Que faut‑il davantage
Pour y mettre son héritage
    Ou son cœur en morceaux ?

Où sont‑ils, tout remplis d'alarmes,
    Vos yeux dans la noirceur,
Et votre insupportable sœur,
    Hélas ; et puis vos larmes ? »

Tel s'enivrait, à son phébus,
    D'un chocolat d'Espagne,
Chez Guillot, le feutre en campagne,
    Monsieur Bordaguibus.

XLII

A l'Alcazar neuf, où don Jayme
    Gratte un air maugrabin,
Carmen dansant dans son lubin :

Ce n'est pas ce que j'aime.

Mais, à Triana, la liqueur
    D'une grappe où l'aurore
Laissa des pleurs si froids encore
    Qu'ils m'ont glacé le cœur.

XLIII

Ainsi, ce chemin de nuage,
    Vous ne le prendrez point,
D'où j'ai vu me sourire au loin
    Votre brillant mirage ?

Le soir d'or sur les étangs bleus
    D'une étrange savane,
Où pleut la fleur de frangipane,
    N'éblouira vos yeux ;

Ni les feux de la luciole
    Dans cette épaisse nuit

Que tout à coup perce l'ennui
D'un tigre qui miaule.

XLIV

Vous qui retournez du Cathai
        Par les Messageries,
Quand vous berçaient à leurs féeries
        L'opium ou le thé.

Dans un palais d'aventurine
        Où se mourait le jour,
Avez-vous vu Boudroulboudour,
        Princesse de la Chine,

Plus blanche en son pantalon noir
        Que nacre sous l'écaille ?
Au clair de lune, Jean Chicaille,
        Vous est-il venu voir,

En pleurant comme l'asphodèle

Aux îles d'Ouac-Wac,
Et jurer de coudre en un sac
Son épouse infidèle,

Mais telle qu'à travers le vent
Des mers sur le rivage
S'envole et brille un paon sauvage
Dans le soleil levant ?

XLV

Molle rive dont le dessin
Est d'un bras qui se plie,
Colline de brume embellie
Comme se voile un sein,

Filaos au chantant ramage —
Que je meure et, demain,
Vous ne serez plus, si ma main
N'a fixé votre image.

XLVI

Douce plage où naquit mon âme ;
    Et toi, savane en fleurs
Que l'Océan trempe de pleurs
    Et le soleil de flamme ;

Douce aux ramiers, douce aux amants,
    Toi de qui la ramure
Nous charmait d'ombre et de murmure,
    Et de roucoulements ;

Où j'écoute frémir encore
    Un aveu tendre et fier —
Tandis qu'au loin riait la mer
    Sur le corail sonore.

XLVII

Nous jetâmes l'ancre, Madame,
    Devant l'île Bourbon
A l'heure où la nuit sent si bon
    Qu'elle vous troublait l'âme.

(O monts, ô barques balancées
    Sur la lueur des eaux,
Lointains appels, plaintes d'oiseaux
    Étrangement lancées.)

… Au retour, je vous vis descendre
    L'écumeux barachois,
Dans les bras d'un nègre de choix :
    Virgile, ou Alexandre.

XLVIII

Saïgon : entre un ciel d'escarboucle
    Et les flots incertains,
Du bruit, des gens de fièvre teints,
    Sur le sanglant carboucle.

Et, seule où l'œil se recréât,
    Pendait au toit d'un bouge
L'améthyste, dans tout ce rouge,
    D'un bougainvilléa :

Tel aujourd'hui, sous la voilette,
    Calice double et frais,
Mon regard vous boit à longs traits,
    Beaux yeux de violette.

XLIX

J'ai beau trouver bien sympathique
    Feu Loufoquadio,
Ses japs en sucre candiot,
    Son Bouddha de boutique ;

J'aime mieux le subtil schéma,
    Sur l'hiver d'un ciel morne,
De ton aérien bicorne,
    Noble Foujiyama,

Et tes cèdres noirs, et la source
    Du temple délaissé,
Qui pleurait comme un cœur blessé,
    Qui pleurait sans ressource.

L

J'ai vu le Diable, l'autre nuit ;
    Et, dessous sa pelure,
Il n'est pas aisé de conclure
    S'il faut dire : elle, ou : lui.

Sa gorge, — avait l'air sous la faille,
    De trembler de désir :
Tel, aux mains près de le saisir,

Un bel oiseau défaille.

Telle, à la soif, dans Blidah bleu,
    S'offre la pomme douce ;
Ou bien l'oronge, sous la mousse,
    Lorsque tout bas il pleut.

— " Ah ! " dit Satan, et le silence
    Frémissait à sa voix,
« Ils ne tombent pas tous, tu vois,
    Les fruits de la Science " .

LI

On descendrait, si vous l'osiez,
    D'en haut de la terrasse,
Jusques au seuil, où s'embarrasse
    Le pas dans les rosiers.

D'un martin pêcheur qui s'élance
    L'éclair n'a que passé ;

Et la source, à son pleur glacé,
    Alterne un noir silence.

L'Angelus, dans le couchant roux,
    Comme un parfum s'efface.
Lilith, en détournant sa face,
    A tiré les verroux.

LII

C'était, dans les vapeurs du nard,
    Un cri, des jeux infâmes,
Et ces yeux fatals qu'ont les femmes
    Du cruel Fragonard.

Parfois, pour ranimer l'orgie,
    Brillait un sang nouveau.
Bacchus, rose comme le veau,
    Cuvait sa nostalgie.

Cet air des *Brigands* l'attristait.

Il voulait qu'on s'en aille.
Une voix se tut. La canaille
Dansait, et sanglotait.

LIII

— « Enfin, puisque c'est sa demeure,
　　Le bon Dieu, où est−Y ?
— « Chut, me dit−elle : il est sorti,
　　On ne sait à quelle heure. »

« Et de nous tous le plus calé,
　　Je dis : Satan lui−même,
Ne sait en ce désordre extrême
　　Où diable il est allé. »

LIV

Tout ainsi que ces pommes
    De pourpre et d'or
Qui mûrissent aux bords
    Où fut Sodome ;

Comme ces fruits encore
    Que Tantalus,
Dans les sombres palus,
    Crache, et dévore ;

Mon cœur, si doux à prendre
    Entre tes mains,
Ouvre−le, ce n'est rien
    Qu'un peu de cendre.

LV

A Londres je connus Bella,
    Princesse moins lointaine
Que son mari le capitaine
    Qui n'était jamais là.

Et peut-être aimait-il la mangue ;
    Mais Bella, les Français
Tels qu'on le parle : c'est assez
    Pour qui ne prend que langue ;

Et la tienne vaut un talbin.
    Mais quoi ? Rester rebelle,
Bella, quand te montre si belle
    Le désordre du bain ?

LVI

Au détour de la rue étroite
    S'ouvre l'ombre et la cour
Ou Diane en plâtre, et qui court
    N'a que la jambe droite.

Là−bas sur sa flûte de Pan,
  Un Ossalois nous lance
Ces airs aigus comme une lance
  Qui percent le tympan,

O Faustine, et je vois se tendre
  L'arc pur de ton sourcil ;
Telle une autre Diane, si
  Le trait n'était si tendre.

LVII

Dans la rue−des−Deux−Décadis
  Brillait en devanture
Un citron plus beau que nature
  Ou même au Paradis ;

Et tel qu'en mûrissait la terre
  Où mes premiers printemps
Ombrageaient leurs jours inconstants

Sous ton arbre, ô Cythère.

Dans la rue-des-Deux-Décadis
Passa dans sa voiture
Une dame aux yeux d'aventure
Le long des murs verdis.

LVIII

C'était sur un chemin crayeux
Trois châtes de Provence
Qui s'en allaient d'un pas qui danse
Le soleil dans les yeux.

Une enseigne, au bord de la route,
— Azur et jaune d'œuf, —
Annonçait : Vin de Chateauneuf,
Tonnelles, casse-croute.

Et, tandis que les suit trois fois
Leur ombre violette,

Noir pastou, sous la gloriette,
    Toi, tu t'en fous : tu bois...

C'était trois châtes de Provence,
    Des oliviers poudreux,
Et le mistral brûlant aux yeux
    Dans un azur immense.

LIX

Dessous la courtine mouillée
    Du matin soucieux,
Tu balances, harmonieux,
    Ta branche dépouillée,

Beau peuplier qui de l'été
    Fais voir encor la grâce :
Pourquoi l'âge a−t−il sur ma face
    Aboli ma fierté ?

LX

Pour une dame imaginaire
    Aux yeux couleur du temps,
J'ai rimé longtemps, bien longtemps :
    J'en étais poitrinaire.

Quand vint un jour où, tout à coup,
    Nous rimâmes ensemble.
Rien que d'y penser, il me semble
    Que j'ai la corde au cou.

LXI

Pâle matin de Février
        Couleur de tourterelle
Viens, apaise notre querelle,
        Je suis las de crier ;

Las d'avoir fait saigner pour elle
        plus d'un noir encrier…
Pâle matin de Février
        Couleur de tourterelle.

LXII

Me rendras‑tu, rivage basque,
        Avec l'heur envolé
Et tes danses dans l'air salé,
        Deux yeux, clairs sous le masque.

LXIII

Toute allégresse a son défaut
    Et se brise elle-même.
Si vous voulez que je vous aime,
    Ne riez pas trop haut.

C'est à voix basse qu'on enchante
    Sous la cendre d'hiver
Ce cœur, pareil au feu couvert,
    Qui se consume et chante.

LXIV

Toi, pour qui les dieux du mystère
    Sont restés étrangers,
J'ai vu ta mâne aux pieds légers,
    Descendre sous la terre,

Comme en un songe où tu te vois
        A toi même inconnue,
Tu n'étais plus, — errante et nue, —
        Qu'une image sans voix ;

Et la source, noire, où t'accueille
        Une fauve clarté,
        Une étrange félicité,
Un rosier qui s'effeuille…

LXV

Épitaphe.
I. M. N.

Plus souple à dénouer mes plis
        Que le serpent n'ondule,
Ayant tous, ô Vénus Pendule,
        Tes rites accomplis ;

Quand vint l'heure où le cœur se navre,
        Et des fatals ciseaux,

Je mourus, comme les oiseaux,
Sans laisser de cadavre.

LXVI

Sur l'océan couleur de fer
Pleurait un chœur immense
Et ces longs cris dont la démence
Semble percer l'enfer.

Et puis la mort, et le silence
Montant comme un mur noir.
… Parfois au loin se laissait voir
Un feu qui se balance.

LXVII

O jour qui meurs à songer d'elle
Un songe sans raison,
Entre les plis du noir gazon
Et la rouge asphodèle ;

N'est−ce pas, aux feux du plaisir
Inclinée et rebelle,
Elle encor, mais cent fois plus belle,
Et de flamme à saisir ?

… Là−bas monte la voix dernière
D'un bouvier sous les cieux.
On n'entend plus que ses essieux
Qui grincent dans l'ornière.

LXVIII

In memoriam J. G. M.
M. C. M. III.

Dormez, ami ; demain votre âme
　　Prendra son vol plus haut.
Dormez, mais comme le gerfaut,
　　Ou la couverte flamme.

Tandis que dans le couchant roux
　　Passent les éphémères,
Dormez sous les feuilles amères.
　　Ma jeunesse avec vous.

LXIX

Quand l'âge, à me fondre en débris,
　　Vous–même aura glacée
Qui n'avez su de ma pensée
　　Me sacrer les abris ;

Qui, du saut des boucs profanée,
　　sécherez

A l'herbe dont tous les attraits,
    C'est une matinée ;

Quand vous direz : " où est celui
    De qui j'étais aimée ? »
Embrasserez-vous la fumée
    D'un nom qui passe et luit ?

LXX

La vie est plus vaine une image
    Que l'ombre sur le mur.
Pourtant l'hiéroglyphe obscur
    Qu'y trace ton passage

M'enchante, et ton rire pareil
    Au vif éclat des armes ;
Et jusqu'à ces menteuses larmes
    Qui miraient le soleil.

Mourir non plus n'est ombre vaine.
    La nuit, quand tu as peur,

N'écoute pas battre ton cœur :
C'est une étrange peine.

CHANSONS

I

ROMANCES SANS MUSIQUE

En Arles.

a. Dans Arle, où sont les Aliscams,
Quand l'ombre est rouge, sous les roses,
    Et clair le temps,

Prends garde à la douceur des choses,
Lorsque tu sens battre sans cause
    Ton cœur trop lourd ;

Et que se taisent les colombes :

Parle tout bas, si c'est d'amour,
 Au bord des tombes.

Les trois dames d'Albi.

b. Filippa, Faïs, Esclarmonde,
les plus rares, que l'on put voir,
 beautés du monde ;

Mais toi si pâle encor d'avoir
Couru la lune l'autre soir
 Aux quatrerues,

Écoute : au bruit noir des chansons
Satan flagelle tes sœurs nues ;
 Viens, et dansons.

Plus oultre.

c. Au mois d'aimer, au mois de Mai,
Quand Zo'va cherchant sous les branches

Le bien-aimé,

Son jupon, tendu sur les hanches,
Me fait songer à l'aile blanche
            Du voilier :

Mers qui battez au pied des mornes
Et dont un double pilier
            Dressa les bornes.

            Le temps d'Adonis.

d. Dans la saison qu'Adonis fut blessé,
Mon cœur aussi de l'atteinte soudaine
            D'un regard lancé.

Hors de l'abyme où le temps nous entraîne,
T'évoquerai-je, ô belle, en vain — ô vaines
            Ombres, souvenirs.

Ah ! Dans mes bras qui pleurais demi-nue,
Certe serais encore, à revenir,
            Ah ! La bienvenue.

II

Le Tremble est blanc.

Le temps irrévocable a fui. L'heure s'achève.
Mais toi, quand tu reviens, et traverses mon rêve,
Tes bras sont plus frais que le jour qui se lève,
     Tes yeux plus clairs.

A travers le passé ma mémoire t'embrasse.
Te voici. Tu descends en courant la terrasse
Odorante, et tes faibles pas s'embarrassent
     Parmi les fleurs.

Par un après–midi de l'automne, au mirage
De ce tremble inconstant que varient les nuages,
Ah ! Verrai–je encor se farder ton visage
     D'ombre et de soleil ?

III

Longtemps si j'ai demeuré seul,
Ah ! qu'une nuit je te revoie.
Perce l'oubli, fille de joie,
      Sors du linceul.

D'une figure trop aimée,
Est‑ce toi, spectre gracieux,
Et ton éclat, cette fumée
      Devant mes yeux ?

Ta pâleur, tes sombres dentelles,
Le bal qui berçait nos pieds las,
Un corps qui plie entre mes bras :
      Je me rappelle…

IV

Quelquefois, après des ébats polis,
J'agitai si bien, sur la couche en déroute,
Le crincrin de la blague et le sistre du doute
      Que les bras t'en tombaient du lit.

Après ça, tu marchais, tu marchais quand même,
Et ces airs, hélas, de doux chien battu,
C'est à vous dégoûter d'être tendre, vois−tu,
      De taper sur les gens qu'on aime.

V

Toi qui fais rêver, ô brune
Si pâle, de clair de lune ;
Des heures blanches et lentes
      Où les colombes lamentent ;

Le jour efface la lune,
Les blondes se rient des brunes.
Je t'ai onze jours aimée :
      L'amour, n'est−ce pas fumée ?

VI

Vous souvient–il de l'auberge
Et combien j'y fus galant ?
Vous étiez en piqué blanc :
On eût dit la Sainte Vierge.

Un chemineau navarrais
Nous joua de la guitare.
Ah ! Que j'aimais la Navarre,
Et l'amour, et le vin frais.

De l'auberge dans les Landes
Je rêve, — et voudrais revoir
L'hôtesse au sombre mouchoir,
Et la glycine en guirlandes.

VII

Aimez-vous le passé
     Et rêver d'histoires
     Évocatoires
     Aux contours effacés ?

Les vieilles chambres
     Veuves de pas
     Qui sentent tout bas
     L'iris et l'ambre ;

La pâleur des portraits,
     Les reliques usées
     Que des morts ont baisées,
     Chère, je voudrais

Qu'elles vous soient chères,
     Et vous parlent un peu
     D'un cœur poussiéreux
     Et plein de mystère.

(*Musique de René De Castera.*)

VIII

L'Alchimiste.

Satan, notre meg, a dit
Aux rupins embrassés des rombières :
« Icicaille est le vrai paradis
« Dont les sources nous désaltèrent.

« La vallace couleur du ciel
« Y lèche le long des allées
« Le pavot chimérique et le bel
« Iris, et les fleurs azalées.

« La douleur, et sa sœur l'Amour,
« La luxure aux chemises noires
« Y préparent pour vous, loin du jour,
« Leurs poisons les plus doux à boire.

« Et tandis qu'aux portes de fer
« Se heurte la jeune espérance,
« Une harpe dessine dans l'air

« Le contour secret du silence. »

Ainsi (à voix basse) parla
Le sorcier subtil du Grand Œuvre,
Et Lilith souriait, dont les bras
Sont plus frais que la peau des couleuvres.

IX

En l'an 801 de Rome
César Claudius convint
De quelques mesures, afin
D'aider au bonheur des hommes.

Un aqueduc fut parfait,
Une loi réprima l'usure ;
Et trois caractères furent
Ajoutés à l'alphabet :

Savoir (ainsi nous enseigne
Tacite) l'F inversé,

L'antisigma, l'I barré,
(cf. Le *Corpus* du règne).

Cependant, — louange à Vénus ! —
Messaline, et moins assouvie,
Oubliait le poids de la vie
Dans les bras du beau Silius.

X

Vêtue à l'envi d'un beau soir
D'une liquette d'écarlate
Et d'un seul bas noir, délicate
      A voir,

Telles, divin marquis, les seules
Couleurs peignant à ton désir
La mort de sable, et du plaisir
      Les gueules.

XI

Soir de Montmartre.

Décor d'encre. Sur le ciel terne
       Court un fil de fer :
Mansarde où l'on aima, vanterne
Sans carreaux, où l'on a souffert.

Une enfant fait le pied de grue
       Le long du trottoir.
Le bistro, du bout de la rue,
Ouvre un œil de sang dans le noir ;

Tandis qu'on pense à sa province,
       A Faustine, à Zo'…
Mais c'est pour Lilith que j'en pince :
Autres chansons, autres oiseaux.

XII

Vous me reprochez, entre tant,
D'être chipé pour la boniche.
Mais vous donner mon cœur, autant
Porter des cerises à Guiche.

Ne prenez pas cet air pointu
En parlant d'amour ancillaire.
Achille a taxé sa vertu
Au prix des captives, ma chère.

Et je sais, brûlé d'autres cieux,
Un village sous les goyaves,
Peuplé des fils par mes aïeux
Qu'ils avaient fait à leurs esclaves.

XIII

Réveil.

Si tu savais encor te lever de bonne heure,
On irait jusqu'au bois, où, dans cette eau qui pleure
Poursuivant la rainette, un jour, dans le cresson
Tremblante, tes pieds nus ont leur nacre baignée.
Déjà le rossignol a tari sa chanson ;
L'aube a mis sa rosée aux toiles d'araignée,
Et l'arme du chasseur, avec un faible son,
Perce la brume, au loin, de soleil imprégnée.

XIV

Alcôve noire.

Ces premiers froids que l'on réchauffe d'un sarment,
— Et des platanes d'or le long gémissement,
— Et l'alcôve au lit noir qui datait d'Henri IV,
Où ton corps, au hasard de l'ombre dévêtu,

S'illuminait parfois d'un rouge éclair de l'âtre,
Quand tu m'aiguillonnais de ton genou pointu,
Qhevaucheuse d'amour si triste et si folâtre ;
— Et cet abyme où l'on tombait : t'en souviens−tu ?

DIXAINS

I

Nane, as−tu gardé souvenir
Du Panthéon−Place Courcelle
Qui roulait à cris de crécelle,
Sans au but jamais parvenir ;
Du jour où te sculptait la brise
Sous ta jupe noire et cerise ;
De l'impérial au banc haut,
Où se scandait comme un ïambe
La glissade avec le cahot,
— Et du vieux qui lorgnait tes jambes ?

II

Église de Saint‑Augustin,
Au porche maigre, à l'ample dôme
Dont les cloches seraient à Rome
Beaucoup mieux qu'ici, le matin,
Si ta circonspecte opulence
Ignore cette violence
Qui nous abyme en oraison,
C'est que Dieu même est resté triste
Qu'on prît pour bâtir sa maison
Un architecte calviniste.

III

Si ta grande ombre, ô Moréas,
Revient aux cabarets des halles
Parmi les filles de trois balles
Et leurs gitons complets à l'as,
Puissé—je au soir d'un beau dimanche,
Près de l'homme à la souris blanche,
A l'*Ange* ou dans l'affreux *Caveau*,
Entendre encor ta voix cuivrée :
Telle, de sagesse enivrée,
Une cigale, au renouveau.

IV

Chandelier toujours sans chandelle
Mais qu'il y faudrait trop de suif,
Atricaille à revendre au Juif
Et qui fais peur à l'hirondelle :
Qu'Eiffel ait trouvé ton schéma
Dans les marais de Panama
Çà vaut—il à jamais qu'en France,

Sous couleur de parler sans fil
Aux nègres de l'île‑à‑Morfil,
Ta laideur soit sans espérance ?

V

« — Non, ce taxi, quelle charrette.
C'est sous les toits, votre entresol ?
Je t'aime… oui c'est un tournesol…
Si tu savais comme il me traite :
Des claques voilà mes cadeaux !
Je croyais n'être jamais prête.
… Çà ? C'est moi. Laissez les rideaux. »
« — Le cœur vous est bien en dentelle. »
« — Mais il faut une heure " , dit‑elle,
« Rien qu'à me lacer dans le dos. »

VI

L'un vainqueur ou l'autre battu,
Ces beaux soldats qui vous ont faite
Gardaient jusque dans la défaite
Le sourire de leur vertu.
Vous, pour avoir rendu les armes,
Je vous trouve fondue en larmes
Et qui m'insultez entre tant.
Que si l'on doit, toute sa vie,
Déplorer l'éclair d'un instant,
Mieux vaut coucher sur son envie.

VII

Industrieux fils de Dédale
Qui ressuscitez dans Paris —
Pourquoi, j'y entrave que dale —
Tant de singes en vain péris ;

Et de quoi sert que Dieu les tue
Si vous nous fichez leur statue ?
Il faut vivre, se faire un nom.
— Eh ! Qui de savoir s'évertue,
Par la racine ou non,
Comment vous mangez la laitue.

VIII

Sur le canal Saint–Martin glisse,
Lisse et peinte comme un joujou,
Une péniche en acajou,
Avec ses volets à coulisse,
Un caillebot au minium,
Et deux pots de géranium
Pour la picarde, en bas, qui trôle.

. . . .

Je rêve d'un soir rouge d'or,
Et d'un lougre hindou qui s'endort :
— Siffle la brise… eh toi ! Créole.

IX

Ce pavé que l'Europe foule
Est gras encor du suif des morts.
Leurs os, qui n'ont plus de remords,
Y dorment au pas de la foule,
D'un sommeil noir, à pleins paniers.
— Dors−tu, Cathau, loin des charniers
Où tes crapauds, sous l'herbe verte,
Enchantaient le cœur des passants :
Toi qu'un jour l'aube, aux Innocents,
Trouva nue, et la gorge ouverte ?

X

Qu'Allard, sur la caricature
De ce malcuit, de ce Dolet,
Aille râler du Michelet,
Que le vieux Sçavant s'aventure
A débrouiller son plagiat —
Dieu les garde ! Mais tant y a
Qu'un éditeur c'est bon à prendre.
Et nos aïeux, en ayant un
Sous la main, le menèrent pendre :
Ainsi soit de tout importun.

XI

Tant pis si Boulenger m'attrape,
Je n'irai plus à Chantilly
Pâmer sur un lièvre assailli
Par deux chiens à la forte gueule,
Sauf à vous y trouver encor,
Fille de France au ciel d'accord.
Telle — et le printemps nous présage —

L'onde où tremble un pur paysage
N'est si délicieux décor
Que ses rêves sur son visage.

XII

Puisque tes jours ne t'ont laissé
Qu'un peu de cendre dans la bouche,
Avant qu'on ne tende la couche
Où ton cœur dorme, enfin glacé,
Retourne, comme au temps passé,
Cueillir, près de la dune instable,
Le lys qu'y courbe un souffle amer,
— Et grave ces mots sur le sable :
Le rêve de l'homme est semblable
Aux illusions de la mer.

COPLES

I

Le sable où nos pas ont crié, l'or, ni la gloire,
Qu'importe, et de l'hiver le funèbre décor.
Mais que l'amour demeure, et me sourie encor
Comme une rose rouge à travers l'ombre noire.

II

Toi qui blessas Vénus, ah, si Vénus te blesse,
Diomède, bénis sa force, et sa faiblesse.

III

Tant de travail, docteur, pour découvrir enfin
Que l'Être se nourrit, et meurt de pourriture ?
Ah ! Cesse, à tes fourneaux, d'avilir la nature :
Ce n'est que songe et fleurs dont nos âmes ont faim.

IV

Quoi, c'est vrai, tu m'aimas, qui de moi fus aimée ?
Amour, divine flamme ; amour, triste fumée....

V

Scarabée amoureux, qu'un enivrant délice,
Et la rose brûlée aux feux de Messidor
Captivent, tu n'es pas, ni dans cette ombre d'or,
Le premier qu'on ait vu mourir d'un beau calice.

VI

Que ce fut douce, hélas ; que c'est lointaine chose,
Votre jupe bleu‑lin, et ce transparent rose.

VII

Hélas, rien ne varie ; et quoi qu'on ait coutume
D'en dire, tout est comme à son commencement.
Les fruits n'ont pas changé d'odeur, ni mêmement
Les femmes de mensonge, ou Thétis d'amertume.

VIII

Mopse prétend pécher contre l'Esprit : c'est être
Bien fat. Pour l'offenser, il faudrait Le connaître.

IX

Tel qui soula de sang ses rêves et son fer,
Aujourd'hui pardonné, son opprobre s'efface.
C'est ainsi que sur nous Dieu fait tonner sa grâce.
Ne force pas qui veut les portes de l'enfer.

X

Vénus hait le soleil. Sous le couvert éclose,
Jadis à son cœur noir m'enivrait une rose.

XI

Lorsque Timour partit avec sa femme en croupe
D'un cheval comme lui boiteux mais fier encor,
Son épée à ton coeur subtil battait d'accord,
Daoude aux longues mains. Et tu portais sa coupe.

XII

Bénarès, dont le nom est rempli de parfums,
Je n'ai vu, sur tes bords, fumer que trois défunts.

XIII

Qu'importe si l'automne a fané le séjour
Où nous avons brûlé, Faustine, aux mêmes flammes.
Je sais d'autres secrets pour endormir les âmes ;
Et ma chambre de nacre irise encor le jour.

XIV

L'amour n'est plus. Le jour viendra-t-il que j'oublie,
Nouvel et noir venin, ta puissante folie ?

XV

Boy, une pipe encor. Douce m'en soit l'aubaine
Et l'or aérien où s'étouffent les pas
Du sommeil. Mais non, reste, ô boy : n'entends-tu

pas
Le dieu muet qui heurte à la porte d'ébène ?

XVI

Tout autour de la lampe à deux fois rallumée
Les papillons d'émail sont ivres de fumée.

XVII

Quand les os sont pareils à des roseaux légers ;
L'heure, comme une flûte au bord de la prairie :
Pavots de pourpre, ô vous dont l'ombre s'est fleurie,
Défendez—nous du jour et des pieds étrangers.

XVIII

Brouillard de l'opium tout trempé d'indolence,
Robe d'or suspendue aux jardins du silence.

XIX

Invisibles regards qu'on sait qui nous verront,
Fumée où se dérobe une présence abstraite,
Les flambeaux ont noirci. Quel mystère s'apprête,
Qui met une sueur d'épouvante à mon front ?
==XX==
La dure alcôve au bénarès est parfumée,
À s'y pourrir le coeur. Venez, ô bien-aimée.

XXI

Dans ce charnier d'amants qu'a dévorés la Chine,
Où tu glapis ton coeur sur leurs os corrompus,
N'es-tu pas lasse encor d'opium ni de pus,
Hyène jaune, à qui frémit sa haute échine ?

XXII

Ô nuit parmi les nuits de laque et de vermeil,
Es-tu l'aurore, – ou les degrés d'un noir sommeil ?

XXIII

— « Contemple un autre monde » a chuchoté la fée,
Cependant que les murs s'entr'ouvraient devant moi,
Découvrant Londre aux ombres d'or, son triste émoi,
Et la pendante Hécate, au ciel, sanglant trophée.

==XXIV==

On dirait une main qui chiffonne un linceul.
Qui donc vient de parler tout bas ? Serais‑je seul ?

XXV

Cette averse, Badoure, où ma langueur balance
À t'émouvoir, s'éloigne ainsi qu'un messager.
Écoutes‑en tarir le battement léger
Dans nos coeurs, et l'amour s'enchanter de silence.

XXVI

Quoi, nul amour encor ne t'enseigna ses veilles,
Paradis que n'ont pas animé les abeilles ?

XXVII

Admire des glaïeuls l'écarlate pointu,
Et, sous le noir cyprès, cette glycine encore.
Ça, c'est un ibiscus, dont le coeur se décore
D'une touffe d'or vert. C'est vrai : pourquoi ris-tu ?
==XXVIII==
Toi qu'arment les pavots de leur sombre vertu,
Karahissar, Karahissar, que me veux-tu ?

XXIX

Paradis d'ombre fraîche et de chaleur extrême,
Où murit la grenade, et, non loin du jasmin,
Cette double pastèque agréable à la main :
Badoure, il n'est jardin que des fleurs où l'on aime.

XXX

Madame, qui l'eût dit que dans vos bras habite
Amour si tristement et subie, et subite ?

XXXI

Je me rappelle un jour de l'été blanc, et l'heure
Muette, et les cyprès... mais tu parles : soudain,
Je rêve, les yeux clos, à travers le jardin,
D'une source un peu rauque, et qu'on entend qui
pleure.

XXXII

Stendhal, si revenait ta blonde Chastellux,
mes crayons à la peindre en deviendraient poilus.

XXXIII

— tout ce réseau, cette ombre, invisible séjour
d'un amour que trahit ton sourire et ta robe nous
cache...
— mainte fleur au regard se dérobe, ami.
— plus d'un corail rougit au loin du jour.

XXXIV

C'est la R H Ellen De Northeambrie,
qui m'avait fait cadeau de ce mouchoir de poche.

XXXV

Presque une enfant encor, mais déjà grande et belle,
je vis un jour ses pleurs, par l'orgueil retenus

à force rejaillir, comme les joyaux nus
que fait naître le fer, d'une source rebelle.

XXXVI

J'adore les magasins du passage Choiseul,
c'est un véritable divertissement pour l'oeil.

XXXVII

Arc vermeil, mais des arcs le plus lâche en sa corde.
Ignorant à me vaincre autant que de plier
sous la flèche qui chante, ah, traîne ta discorde
de la maison Tellier à la maison Sohlier.

XXXVIII

Augagneur va parler. France est à la campagne :
nous n'aurons aujourd'hui ni Colbert, ni Montaigne.

XXXIX

Tu m'avais dit : " je t'embrasserai, si tu veux,
dans le parc. " je suivis, sous la basquine blanche,
tes pieds vifs. Dans l'air d'or, où sonne un beau dimanche,
des papillons volaient autour de tes cheveux.

XL

— Agnès, pleurer ? Dit Charle. Oui, quand à Marly mouille
ra la pluie. Il faudrait…
— boire ! Dit la Trémoïlle. –

XLI

la mer étincelait ainsi qu'une gitane
sous ses volants d'azur où scintille le fer ;
et tu m'as dit : " que je suis lasse de la mer.
Venez : l'heure est plus douce à l'ombre du platane. "

XLII

heure céruléenne, et vous, regards couverts :
émeraude fondue, aden, de tes soirs verts.

XLIII

Toi dont pendent les fleurs au rivage de Loire,
jardin harmonieux, que je hais la forêt
noire et verte, et des bois où le faune apparaît
l'épouvante cachée à l'ombre de leur gloire.

XLIV

Jardin qu'un dieu sans doute a posé sur les eaux,
Maurice, où la mer chante, et dorment les oiseaux.

XLV

Alger, ville d'amour, où tant de nuits passées
m'ont fait voir le henné de tes roses talons,
tu nourrissais pour moi, d'une vierge aux doigts longs,
l'orgueil, et l'esclavage, et les fureurs glacées.

XLVI

Salut, côte—rotie, et toi, rouget trilibre,
qui remplissez le ventre, en laissant le coeur libre.

XLVII

Dolhia, au poète Fô.
ces arondes de jade, et l'or qui les emmanche
dans mes cheveux—qu'un soir ton amour délia,
je te les donne en souvenir. Quand il y a
du brouillard, il les faut polir avec ta manche.

XLVIII

En l'an 1910 de phrases—et du Christ,
nous nous sommes, ma chère enfant, beaucoup écrit.

XLIX

Sous le soir jaune et vert nous ne reviendrons pas
le long du chemin creux qui penche vers Bilhère,
Faustine. Ni, du bois embelli de bruyère,
l'argile n'a gardé la forme de tes pas.

L

De faire amant ensemble, ah, c'est un doux barême :
la fille couche avec, et la mère les aime.

LI

Le mardi gras, ni toi, ni moi, nous n'étions gais.
Des carreaux où du ciel le jour semblait descendre
sur notre âme, on eût dit qu'il pleuvait de la cendre :
— " ah, ah ! T'écriais−tu parfois en portugais.

LII

Mopse, pour tous émoluments, longtemps vécut
de coups de pied au cul.

LIII

Voici que j'ai touché les confins de mon âge.
Tandis que mes désirs sèchent sous le ciel nu,
le temps passe et m'emporte à l'abyme inconnu,
comme un grand fleuve noir, où s'engourdit la nage.

LIV

sur une statue de Michel-Ange.
esclave, mais non pas de l'homme, et qu'au matin
à peine de ta vie, accable le destin.

LV

Tu as beau me parler de vieillesse, ah, que n'ai-je
pareil déclin. Mais toi, dessous tes cheveux blancs,
on dirait, à ton coeur grave et tes gestes lents,
d'un roseau qui s'incline, où pèse un peu de neige.

LVI

sur un portrait de Madame Récamier.
Madame Récamier. Pour un sourire d'elle
on vit Chateaubriand cesser d'être infidèle.

LVII

Ces moires dont zéphire incline la prairie,
ou si quelque déesse invisible a passé,
ainsi courait Camille. Ainsi passa Marie :
sur l'herbe et dans mon âme, ô méandre effacé.

LVIII

sur la halte de chasse de Van Loo.

on rit, on se baise, on déjeune…
le soir tombe : on n'est plus très jeune.

LIX

Cette fraîcheur du soir, qu'on dirait que tamise
une émeraude, a fait se joindre tes genoux,
et tu sembles moins nue ainsi. Mais, entre nous,
ton mari te dirait : " comme vous voilà mise. "

LX

sur un tableau de Vinci.
ah, mon frère aux beaux yeux, ce n'est pas sans
douceur,
ce n'est pas sans péril, que tu serais ma soeur.

LXI

Elle est noire, c'est vrai. Corail ni jameroses
ne rient dans sa figure, où l'or non plus des blés.
Mais, les charbons sont noirs comme elle.
Allume-les :
on dirait un buisson de roses.

LXII

Eh, jeûnes à ta faim d'aimer si le déboire
te suffit. Mais c'est être fou de ne plus boire.

LXIII

Dessous le flamboyant qui couvre l'herbe nue
d'un dôme violet, où je vous vois encor
fraîche comme l'eau vive en un brûlant décor,
Jeanne aux yeux ténébreux, qu'êtes-vous devenue ?

LXIV

Que je t'aime au temps chaud, la soeur et bientôt mûre
d'un fruit couleur de feu sous la verte ramure.

LXV

Ne crains pas que le temps sçache les cieux briser ;
ni qu'en ses mains varient les fleurs ou les empires.
Rien ne change. Le même lys tu le respires
qu'autrefois Cléopâtre, —et le même baiser.

LXVI

Deux vrais amis vivaient au monomotapa
… jusqu'au jour où l'un vint voir l'autre, et le tapa.

LXVII

le lys.

le divin parfum de Chine emplissait la chambre.
Soudain, secouant les pleurs de l'hiver mouillé,
tu parus, Faustine. Ah ! Que n'est-ce encor décembre,
et toi, hors de ton linge épars, lys effeuillé.

LXVIII

Sous ta paupière bleue, Albe, ton regard d'or :
tel palpite l'éclair aux nuits de messidor.

LXIX

Des bords du canal noir où tu quittas ton linge,
le noir tchocra te guette avec des yeux luisants,
Floryse. Au loin blanchit la mer sur les brisants,
parfois sur Chamarel on voit passer un singe.

LXX

Va, laisse notre amour en paix : du feu de joie
mourant, n'agite pas la cendre qui rougeoie.

LXXI

Il m'en souvient : ta robe claire dans l'allée.
Le fleuve dont le soir éclairait le détour
— tel un sabre, la nuit, qui brille-et sous la tour,
cette sinistre voix au vent du nord mêlée.

LXXII

Il n'est plus, ce jour bleu—ni ses blanches colombes—
ce jour brûlant, où tu m'aimas parmi les tombes.

LXXIII

Mère d'un seul amour, ô Vénus Uranie,
je te sacre d'un bras d'onze lustres glacé,
ma coupe, et cette lyre où chanta l'Ionie,
et le style d'or pur qui mon rêve a tracé.

LXXIV

O femmes, dites—moi, dans la nuit qui passez,
ce qu'à travers vos yeux pleurent les trépassés.

LXXV

Vieillesse, lendemain d'amour, tristes ébats…
sur les carreaux d'azur rampait la fleur du givre.
Un arlequin caduc pleure. Est—il las de vivre ?
Va, nous dormirons tous. Mais les lits, c'est plus bas.

LXXVI

Filles de la fumée, à qui l'aube décente
rougit de voir le jarret nu, la main pressante.

LXXVII

Le soleil se levait dans un ciel sans nuage.
L'aube aux tendres couleurs se mirait dans les eaux
un râle épouvanté courut dans les roseaux,
qui prit pour un serpent la corde de halage.

LXXVIII

Mon chien s'appelait Tom, et ma chienne Djaly.
Ah, que de noms pompeux méritaient mieux l'oubli.

LXXIX

Spongieux, panaché de bambous, triste, plat,
s'étendait sous nos yeux le delta d'émeraude.
Quelqu'un avait porté du bon yunnam de fraude :
vos regards étaient pleins de rêves et d'éclat.

LXXX

Ciel ! Isadora Duncan
va danser. F… ons le camp.

LXXXI

Comme je lui levais sa jupe, curieux
de voir son bas plus rose où le jarret l'affleure,

— " fumez plutôt, mon cher. Fleurter, ce n'est pas
l'heure " ,
me dit-elle immobile, " et soyons sérieux " .

LXXXII

Eh quoi, le monde tourne, et mon bol, et ce livre
que je tiens dans ma main. ô ciel tu es donc ivre ?

LXXXIII

Nous fumâmes toute la nuit. Puis un boy vint
pour ouvrir la fenêtre. Une aurore embaumée
entra, chassant la nuit, les rêves, la fumée.
— " une encor, dit Scilla. ça fera juste 20. "

LXXXIV

sous le ciel noir, j'entends les fruits tomber,
Faustine,
temps n'est plus ni printemps de te chanter matine.

LXXXV

L'ombre, ni le mystère enchanté des fontaines,
et l'éclair noir du merle, ou l'auberge aux murs bas :
je n'ai rien oublié. Non plus quand tu courbas
ce front trop orgueilleux, que paraient deux antennes.

LXXXVI

Telle qu'étincelait sa gorge un soir de fête,
pétris ma coupe. Et puis signe : douris m'a faite.

LXXXVII

nous bûmes tout le jour, un autre—et, le suivant,
dans l'ombre un luth chanta qui disait que l'on
m'aime.
Hélas vous varierez, ô Badoure. Moi—même
ne suis—je las d'aimer ? Poussière, et toi du vent ?

LXXXVIII

La demoiselle, de vieillesse, est presque morte.
Elle frissonne encore un peu : le vent l'emporte.

LXXXIX

Ne cherche pas l'amour en dehors de soi—même.
L'infini se mesure à son seul infini,
et la métaphysique en sait moins que Nini
quand au frisson du myrte elle répond : je t'aime.

LXL

Ce qu'il fait, Z a cru longtemps que c'est des vers.
Avez—vous jamais lu de la prose à l'envers ?

LXLI

Je songe aux plats sucrés de ma vieille Detzine,
et du service empire en son jaune marli.
Un lamba madécasse enveloppait mon lit,
sous le pastel usé d'une affreuse cousine.

LXLII

Le bouc et la brebis enfantent le titire.
Mais le musmon, de chèvre et de bélier, se tire.

LXLIII

Le tournebroche à poids qui réglait la cuisine
s'est tu, comme le dur et noir magnolier
où grimpait en chantant ma petite voisine.
L'ombre des cyprès tourne. Est-ce pour oublier ?

LXLIV

Pour un cuino, se mettre à trois, ah c'est beaucoup.
Le bélier seul et toi suffirez à ce coup.

LXLV

La guirlande n'est plus, ni le brun violier,
qu'un arome qui meurt au fond de ton armoire

à glace. Que ne puis—je aussi bien oublier
un acide parfum qui perce ma mémoire.

LXLVI

Toi dont un tendre coeur, sous son ferme corsage,
n'a jamais fait un fol… ah, tu n'es pas bien sage.

LXLVII

Le parc ruisselle encore, où l'averse a passé,
Badoure. Approche—toi. Non, laisse, que je goûte
ce bruit voluptueux d'un orme qui s'égoutte :
tel est le pleur furtif d'un plaisir effacé.

LXLVIII

J'ai connu dans Séville, une enfant brune et tendre
nous n'eûmes aucun mal, hélas ! à nous entendre.

LXLIX

Dans l'océan des nuits où l'oeil plonge et s'enchante
Diane vient laver la poudre des combats.
Et vous, plus nue encore, ô belle, parlez bas :
il n'est voix de la nuit qu'au rossignol qui chante.

C

O Diane, ô nuit pure où chante un rossignol,
O belle, nue et blanche, en ce lit espagnol

CI

dans quelle Inde nouvelle, ou que ce soit demain
endormi ton caprice et ton âme envolée,
a−t−elle su guérir la crueur de ta plaie,
et ce coeur nostalgique où se portait ta main ?

CII

(traduit de Voltaire.)
sous le double ornement d'un nom mol ou sonore,
non, il n'est rien que Nanine et Nonore.

CIII

le roi boit.
(d'après Omar Queyam).
derrière les deux tours qui gardent son manoir,
entre son fou qui raille et sa dame au coeur ferme
le roi boit.
Tout à coup une voix crie : " on ferme ! "
nous tombons. Quelqu'un clôt le couvercle. −il fait
noir.

CIV

étranger, je sens bon. Cueille-moi sans remords :
les violettes sont le sourire des morts.

CV

in memoriam Henry de Bruchard.
ici repose Henry de Bruchard ; si la cendre
dormait, d'un si beau feu. Trahi dans son propos,
France, il tomba, le jour qu'il ne te pût défendre ;
comme un fer suspendu, qu'outrage le repos.

CVI

Gloire aux victorieux. Mais, de celui qui tombe,
laurier, que ton frisson enveloppe la tombe.

CVII

C'est dimanche aujourd'hui. L'air est couleur du
miel.
Le rire d'un enfant perce la cour aride :
On dirait un glaïeul élancé vers le ciel.
Un orgue au loin se tait. L'heure est plate et sans ride.

CVIII

Nuit d'amour qui semblais fuir entre deux dimanches.
Tel un grand oiseau noir dont les ailes sont blanches.

CIX

Si vivre est un devoir, quand je l'aurai bâclé,
Que mon linceul au moins me serve de mystère.
Il faut savoir mourir, Faustine, et puis se taire :
Mourir comme Gilbert en avalant sa clé.